Buffy
Les rencontre d'une tueuse

DU MÊME AUTEUR

Stargate, Les carnets du Dr Jackson
Charmed, Le livre des mythologies
American Gods, Guide mythologique - saison une
Supernatural
Anegel
Penny Dreadfull
TeenWolf
TrueBlood

Buffy
Les rencontres d'une tueuse

C.M. DUTKIEWICZ

ISBN 978-2-490951-05-5, 1re publication

Originaire de Normandie, C.M. est passionnée de mythologie et aime étudier son influence sur la société moderne.

Sommaire

Introduction

D'où sont originaires les **vampires*** ? **Janus** est-il un dieu du **chaos** ? Qui est **Moloch** ? Qui sont les **démons** ? Qu'est-ce qu'un **troll** ? Les **sorcières** sont-elles toutes des **Wicca** ?

Ce dictionnaire, 100% Fan Made, répond à toutes ces questions et bien plus encore en abordant les différentes mythologies rencontrées dans l'univers de la tueuse et de son immortel amour.

Inclus le guide des épisodes de *Buffy contre les vampires* et d'*Angel* (*afin de respecter au mieux l'univers, le films et l'ensemble des épisodes ont été visionnés en version originale*).

* *Les termes en* **gras** *ont une entrée dans cet ouvrage.*

Les rencontres d'une tueuse

Mythologies chinoise & hindoue

Amara • Bouddha • Kali • Taraka • Vishnu

Amara / Amaravati

La cité du dieu Indra est la ville-immortelle, appelée Amaravati. Elle est située près de la montagne polaire, le Meru.

Bouddha

Bouddha est à l'origine un prince indien du nom de Siddhârta Gautama, fils du souverain de la tribu des Shâkya, né aux environs de 550 avant notre ère.
Son père lui fit construire un palais merveilleux pour lui éviter les désagréments de la vie. Il y apprit l'art du combat.
Las de cette vie fastueuse, Siddhârta partit à la découverte du monde et des hommes. Ce voyage, initiatique, lui permit de nombreuses observations sur les hommes, leur comportement et le monde.
Il apprit la compréhension et la compassion puis atteignit l'illumination en méditant sous un figuier. Il reçut alors l'Éveil, et c'est à partir de cet instant qu'il devint vraiment Bouddha, l'Éveillé. On lui attribue de nombreux prodiges.
Il enseigna ses préceptes à ses disciples qui à leur tour enseignèrent ce qui deviendra le bouddhisme.
Le bouddhisme peut être représenté par ces quatre grandes vérités :

- Première vérité : tout est éphémère (les joies ont nécessairement une fin, ce qui occasionne de nouvelles douleurs).
- Deuxième vérité : le malheur des êtres provient de leurs désirs.
- Troisième vérité : si l'on supprime le désir, les frustrations et souffrances qui en découlent s'arrêteront (résultante des deux premières vérités)
- Quatrième vérité : enseigne comment se libérer de l'enchaînement karmique pour atteindre l'illumination (qui permit à Siddhârta de devenir Bouddha).

Kali

La Déesse Noire. Dans l'hindouisme, Kali est la *Devi*, la manifestation terrible du pouvoir destructeur du temps, mais aussi la force vitale de la terre.
Comme grande déesse de la fécondité, elle est en même temps une déesse de la mort.
Elle est appelée Kali lorsqu'elle a deux bras et Bhadrakali lorsqu'elle est représentée avec plusieurs paires de bras.

Taraka

Târaka est un anti-dieu ayant un grand pouvoir. Les dieux, inquiets de ce qu'il pouvait faire avec un tel pouvoir, envoyèrent Kâma (dieu de l'érotisme) réveiller **Shiva** car seul un être engendré par **Shiva** pouvait vaincre Târaka. De la semence de **Shiva** naquit Skanda (ou Kumâra, le chaste-adolescent car il est toujours jeune et ne se marie jamais).

Vishnu

Vishnu est l'un des trois grands dieux de l'hindouisme. Il fait partie de la triade **Shiva** / Vishnu / Brâma.
C'est un dieu bon et attentif aux hommes. Il est représenté avec une multitude de bras pour pouvoir répondre à tous.
Ces principaux attributs sont le disque (solaire), la conque, la massue et le lotus. Il vole sur le dos de l'oiseau Garouda.
Vishnu est représenté debout, assis ou couché. C'est dans cette position qu'il médite sur le monde et de son nombril sort un lotus d'où naîtra Brahmâ, qui recréera l'univers.
Vishnu est le créateur de l'Univers. Il descend sur terre lorsque

l'équilibre est troublé. Ce sont ses avatars[1] que l'on vénère, ils sont au nombre de dix (principaux), vingt-deux ou trente-neuf pour certaines branches de l'hindouisme.

Les dix principaux avatars de Vishnu sont les suivant :

1. *Mastsya* : la descente du poisson → un petit poisson demande la protection de Manu, celui-ci accepte et lorsque le poisson grandit, il lui faut à chaque fois un récipient plus grand. Lorsqu'aucun récipient de ne peut contenir le poisson et qu'il ne reste que l'océan, Manu reconnait le poisson comme une incarnation de Vishnu. Celui-ci l'informe d'un déluge imminent et lui demande de construire un navire où il s'embarque avec les sages, les animaux et les plantes. Lorsque le déluge commence, un très grand poisson nage vers le navire et lorsque les eaux se retirent, le poisson[2] mène le navire sur la terre.
2. *Kûrma* : la descente de la tortue → après le déluge, Vishnu descendit sur terre sous forme de tortue pour récupérer tout ce qui avait été perdu.
3. *Varâha* : la descente du sanglier → au commencement du monde, la terre était submergée par la mer. Vishnu descendit au fond des océans sous la forme d'un sanglier et tua le démon Œil-d'or (Hiranyaksha). La terre remonta sur l'océan, Vishnu la divisa en continent et Brahmâ lui donna vie.
4. *Nara-simha* : la descente de l'Homme-lion → Drapé-d'or était le démoniaque roi des **génies** et invulnérable. Brahmâ lui avait accordé, par une promesse, qu'il ne pouvait être tué ni par un dieu, ni par un homme, ni par un animal, ni dans son palais, ni en dehors, ni de jour, ni de nuit. Drapé-d'or était cruel avec son fils (Prahlâda) qui vénérait Vishnu et tenta de nombreuses fois de le mettre à mort, mais à chaque fois Prahlâda était miraculeusement sauvé. Afin de mettre fin au sort de Prahlâda, Vishnu descendit sur terre sous la forme d'un homme à tête de lion, au crépuscule et sortit d'une colonne du palais et déchira les entrailles de Drapé-d'or.
5. *Vâmana* : la descente du nain → Bali, le roi des anti-dieux, avait obtenu de gouverner les trois mondes. Les dieux, privés de leur domaine et des sacrifices, demandèrent de l'aide à Vishnu.

Vishnu prit la forme d'un nain, fils des membres de la cour de Bali.

1 *Réincarnation volontaire de Vishnu*

2 *Ou parfois un serpent*

Un jour, il demanda à Bali de lui donner les terres qu'il pourrait parcourir en trois pas. Bali lui accorda. Par son premier pas, Vishnu enjamba le monde terrestre, le deuxième lui fit enjamber le monde des cieux et le troisième lui fit enfoncer Bali dans le monde souterrain. Tenu par sa parole, Bali abdiqua mais magnanime, Vishnu lui laissa la régence du royaume souterrain.

6. *Parashu-râma* : Râma à la hache → le rôle de Parashu-râma fut de rétablir l'ordre social après la révolte des princes pour prendre le pouvoir des prêtres.

7. *Dharma* : Râma le charment, l'incarnation de la perfection → Râma était le roi d'Ayodyhâ. Durant le second âge du monde, il rétablit l'âge d'or de la justice et du bonheur.

8. *Krishna* : l'incarnation de l'amour → Krishna est l'un des neveux de Kamsa. Kamsa, sachant qu'il sera tué par un de ses neveux, fait prisonnière sa sœur Devakî et mit à mort ses six premiers fils. Le septième parvint à s'enfuir et le huitième, Krishna, fut échangé en secret contre la fille d'un bouvier. Krishna fut élevé dans un village et de nombreuses filles succombèrent à ses charmes. D'un grand courage, il combattit et tua de nombreux monstres et **démons**. Lorsqu'il tua enfin Kamsa, il devint maître du royaume.

9. *Buddha*[3] : l'Illuminé → Vishnu descendit sur terre sous forme de Buddha afin de détourner les **génies** de leur connaissance des sciences.

10. *Kalki* : l'Accomplissement → c'est le seul avatar qui n'est pas encore descendu sur Terre. Lorsque Vishnu descendra sur Terre sous la forme de Kalki, il détruira le monde et une nouvelle humanité apparaîtra.

---

3 *Selon certaines versions, Bouddha serait Vishnu.*

Démonologie

Asmodia • Baltazo • Eligor • Succubes / Incubes

Asmodia / Asmodée

- **Démonologie**

Asmodée est un **démon** destructeur, surintendant de la maison des jeux. Il sème l'erreur, l'égarement et la déconcentration.
C'est un serpent (parfois associé au serpent qui séduisit **Ève**) qui a le pouvoir de reconstituer son corps lorsque celui-ci a été coupé.
Lorsqu'il est aux **enfers**, il est représenté avec trois têtes : une de taureau, la deuxième d'un homme et la troisième d'un bélier. Il a une queue de serpent, des pieds d'oie et son haleine est enflammée.
Sa monture est un dragon.

- **Mythologie judéo-chrétienne**

Certains rabbins associent Asmodée à Samaël et racontent qu'Asmodée aurait détrôné Salomon mais celui-ci parvint à lui mettre les fers et le força à l'aider pour la construction du temple de Jérusalem.

Baltazo / Balthazar[4]

Baltazo est un **démon** de la possession de Laon.
Lorsqu'il mange, il accompagne son repas de l'alcool le plus sec possible (en effet, l'eau est contraire aux **démons**).

Eligor/ Abigor

Abigor est un **démon** supérieur, grand-duc de la monarchie infernale. Il est à la tête de soixante légions.
Abigor se présente sous les traits d'un beau cavalier, portant une lance ou un sceptre.

---

4 *Balthazar est aussi le nom d'un des trois rois-mages venus accueillir le Christ à sa naissance.*

Il connait tous les secrets de la guerre et sait l'avenir.
Il est souvent invoqué par les chefs de guerre lorsque ceux-ci veulent se faire aimer de leurs soldats.

Hécate

- **Démonologie**

Hécate est la diablesse qui préside aux rues et carrefours.
Elle est chargée, aux **enfers**, de la police sur la « voie publique ».
Elle est représentée avec trois visages : un de cheval (à droite), un de femme (au milieu) et un de chien (à gauche).
Lorsqu'Hécate est sur Terre, il y a de nombreux séismes, les feux éclatent et les chiens hurlent.

- **Mythologie Gréco-romaine**

Cf. page 35.

Succubes / Incubes

Les succubes sont des **démons** prenant l'apparence de belles femmes. Elles séduisent les hommes, et quand elles parviennent à avoir un enfant, s'enfuient avec.
L'incube est le pendant masculin de la succube.

Mythologies égyptienne & mésopotamienne

Ishtar • Moloch • Osiris • Sobek • Thot

Ishtar

- **Mythologie mésopotamienne**

Déesse de la fécondité et divinité guerrière et guérisseuse.
Elle est représentée à cheval ou debout sur un char.
Il s'agit de la principale déesse du panthéon akkadien.
En tant que déesse de l'amour, elle est l'amante, la sœur, l'épouse et la mère de plusieurs dieux.
Déesse tutélaire de plusieurs cités-états (qu'elle protège de leurs ennemis), elle est souvent représentée remettant au souverain un sceptre, le trône ainsi que les insignes de la royauté.
Elle peut être représentée en tant que déesse de la fertilité (nue et tenant ses seins) ou en tant que déesse guerrière (vêtue d'une longue robe et dotée des symboles guerriers).
Son union annuel avec Dumuzi[5] garantit la fertilité des champs et l'abondance des récoltes.

- **Mythologie égyptienne**

Déesse du Proche-Orient, adorée sous la forme d'Astarté en Phénicie.
Son culte a été introduit en Egypte au Nouvel Empire.
Entité guerrière, elle est également vénérée pour son rôle de guérisseuse.
Elle fut considérée comme la fille de **Râ** ou de Ptat, puis elle devient une épouse d'Horus.

Moloch

En Phénicie, Moloch est un terme générique qui signifie « le roi ».
Cette appellation peut aussi être utilisée pour désigner les dieux.
Moloch est une divinité Cananéenne et il est mentionné dans la Bible en relation avec des sacrifices d'enfants.

---

5 *Dumuzi est le dieu de l'irrigation, des cultures et des champs qui reverdissent au printemps et souverain du royaume des morts*

Osiris

Fils de Geb et de Nout, il épouse sa sœur Isis. Il reçut en héritage l'Égypte à laquelle ils apportèrent la civilisation (son frère **Seth** et sa sœur Nephthys reçurent le désert). La relation incestueuse d'Osiris et de Nephthys donna naissance à Anubis.
Seth était jaloux d'Osiris. **Seth** conviât Osiris à un banquet et promit d'offrir à celui qui rentrerait parfaitement dedans un magnifique sarcophage. Lorsqu'Osiris s'y allongea, le couvercle fut scellé et **Seth** lança le sarcophage dans le fleuve où Osiris se noya. Isis retrouva le sarcophage et le cacha dans les marais du Delta. Un jour qu'elle s'en éloigna, **Seth** le découvrit et dépeçât Osiris dont il dissémina les morceaux (quatorze) dans le pays. Avec l'aide de sa sœur Nephthys, Isis retrouva les morceaux (à l'exception du phallus qui fut mangé par un poisson). Elles assemblèrent son corps et le couvrit de bandelettes (en faisant ainsi la première momie) et Isis, en battant des ailes, lui redonna suffisamment de vie (en faisant ainsi le premier mort ressuscité) pour lui permettre de la féconder et de donner naissance à Horus (qui devient alors l'héritier légitime du trône d'Égypte). Osiris devient à partir de cet instant le seigneur du monde souterrain, contenant les germes de la vie et protecteur des défunts.
En tant qu'entité perpétuellement renaissante, Osiris est associé au soleil nocturne qui retrouve son énergie en traversant le Douat durant les heures de la nuit. La revitalisation du corps d'Osiris est associée à la crue traversant le pays et permettant sa renaissance (principe nourricier).
Osiris est aussi une divinité royale, prototype du souverain idéal (au même titre qu'Isis est l'idéal féminin au sein de la société).

Sobek

Dieu des eaux et de la fertilité, le crocodile est son animal fétiche. Sobek est le fils de Neith et de Senouy, il n'a pas d'enfant. Tardivement, un de ses sanctuaires est associé à l'un d'Hathor.
Il finit par être considéré comme un combattant des ennemis de l'ordre divin et devient un dieu primordial.

Thot

Thot est le gardien de la lune et l'artisan de sa reconstruction. En tant que responsable de la lune, il est aussi celui qui remplace **Ra** (le soleil) lorsque celui-ci est absent.
Il est le responsable du temps, celui qui dispense les années éternelles aux défunts et permis à Nout d'accoucher en rajoutant cinq jours à l'année.
Particulièrement vénéré à Hermopolis, où il est dieu démurge, il se sera sur le tard assimilé à Hermès.

Mythologie gréco-romaine

Amazones • Cassandre • Chaos • Cronos • Cyclopes • Diane • Gaïa • Hadès • Hécate • Héra • Janus • Minerve • Minotaure • Némésis • Proserpexa • Satyre • Thésée • Thespia

Amazones

Peuple de femmes guerrières, elles seraient les filles d'Arès (dieu de la guerre) et d'**Artémis** ou de la nymphe Harmonie.
Elles combattent à cheval, tirent à l'arc et lancent le javelot.
La légende veut qu'elles se coupaient le sein droit pour pouvoir mieux tirer à l'arc (amazone signifiant « sans sein »).
Une fois par an, elles rejoignaient la montagne et s'unissaient aux hommes. Les garçons nés de cet union étaient réduits en esclavage (et émasculés) ou renvoyés dans la montagne.
Elles se battent contre de nombreux héros (un des travaux d'Héraclès est de prendre la ceinture de la reine des Amazones : Hippolyte, qu'il finit par tuer pour obtenir la ceinture qui avait été offerte par Arès).
Durant la guerre de Troie, elles prennent le parti des Troyens et leur reine (Penthésilée) est tuée par **Achille** (qui tombera amoureux d'elle).

Cassandre

- **Mythologie**

Cassandre est la fille de Priam (roi de Troie) et de sa femme Hécube. C'est la plus jolie fille de Priam. Lorsqu'Apollon la voit, il en tombe amoureux et la courtise, notamment en lui donnant le don de prophétie. Mais elle se refuse à lui et il la maudit en lui crachant dans la bouche : tout ce qu'elle dira sera vrai mais personne ne la croira.
Lorsqu'elle rencontre Pâris, elle sait tout le malheur qu'il provoquera en enlevant Hélène, ce qui provoquera la guerre de Troie car c'est là qu'ils se réfugieront.
Cassandre devine aussi le piège du cheval mais personne ne la croit.
Lors de la bataille de la prise de Troie, elle se réfugie dans le temple

d'**Athéna** où Ajax l'attrape et la viole devant la statue d'**Athéna** qui détourne les yeux d'horreur. Pour ce sacrilège, la déesse fait périr de nombreux grecs sur le chemin du retour (dont Ajax). De plus, le peuple d'Ajax devra lui payer tribut pendant mille ans.
Cassandre fait partie de la prise de guerre d'Agamemnon. Elle lui annonce que tout deux mourront s'ils vont chez lui et il refuse de la croire. A leur arrivée à Mycènes, Cassandre est tuée par Clytemnestre (femme d'Agamemnon) pendant que lui est égorgé par l'amant de Clytemnestre.

- **Art**

Dans l'art (littérature notamment), le nom Cassandre est attaché à / désigne des personnes ayant le don de prophétie.

Chaos

Le chaos est l'un des éléments n'étant pas personnifié dans la mythologie gréco-romaine. Il s'agit du vide primordial d'où sont sorties la terre (**Gaïa**), les Ténèbres (Érèbe) et la nuit (Nyx). Certains mythes font d'Éros le fils du chaos et non celui d'Aphrodite.

Cronos / Saturne

Fils d'Ouranos (le ciel) et de **Gaïa** (la terre), c'est un **titan** qui prit pour épouse sa sœur titanide Rhéa. Il était le roi des **Titans**.
Gaïa vint se plaindre auprès de Cronos des mauvais traitements que lui inflige Ouranos en emprisonnant ses enfants. Elle donne à Cronos une faucille en silex pour qu'il aille défier son père.
Avec la faucille, Cronos trancha le phallus d'Ouranos et le jeta. De son sang naquit les **Érinyes**, les géants et les nymphes.
Cronos régna à la place de son père mais craignant, lui aussi, de subir le même sort, il mangea tous ses enfants au moment où Rhéa les mit au monde. Elle ne réussit qu'à sauver Zeus, en le remplaçant

par une pierre langée à la place.
Zeus fut élevé en secrets par les nymphes, il épousa l'Océanide Métés. Zeus persuade sa femme de donner à Cronos un vomitif pour lui faire restituer ses cinq autres enfants. Ainsi, Zeus, aidé de Hestia, Déméter, **Héra**, **Hadès** et **Poséidon**, menèrent une guerre contre leur père qu'ils réussirent à vaincre. Zeus prit sa place et l'envoya dans le tartare où les Hécatonchires furent chargés de le garder.
Cronos est associé à Saturne chez les Romains.

Cyclope

Les cyclopes sont des géants n'ayant qu'un seul œil, au milieu du front. La plupart sont les enfants d'Ouranos et **Gaïa** qu'Ouranos repoussa au sein de la terre. Lorsque **Cronos** tua Ouranos, **Gaïa** pu mettre au monde les cyclopes (en autres « monstres ») ; mais **Cronos** les enferma dans le Tartare. Ce n'est que lorsque les Olympiens remportèrent leur victoire sur les Titans que Zeus les libéra du Tartare où furent jeter les **Titans** vaincus. Certains de ces cyclopes travaillent pour Héphaïstos dans sa forge.
Les cyclopes sont de très bons constructeurs de forteresse.
Certains cyclopes sont des fils de dieux, tel que Polyphème, fils de **Poséidon**, qu'Ulysse rencontre durant son Odyssée.

Diane / Arthémis

Diane pour les Romains est Artémis pour les Grecs.
Il s'agit de la déesse de la chasse, sœur d'Apollon, fille de Léto et Zeus.
Artémis est la déesse vierge de la chasse, protectrice des animaux, des enfants et de la virginité. Elle traverse les montagnes et forêts accompagnée de ses nymphes.

Archère exemplaire, elle châtie ceux qui veulent s'en prendre à sa mère et tua la plupart des enfants de Niobé qui s'était vantée d'avoir plus d'enfant que Léto.
Artémis est une déesse de la Lune et forme avec **Hécate** et **Perséphone** les trois phases de la Lune.
Elle punissait sévèrement ceux qui oubliaient de lui rendre hommage.

Gaïa

Gaïa (la Terre) est la première à naître du **chaos** primordiale, en même temps que le Tartare, la nuit (Nyx), les ténèbres (Érèbe).
Elle donna naissance à Ouranos (le ciel), à Pontos et aux autres montagnes.
L'union du ciel et de la terre donna naissance aux **Titans** (donc **Cronos** et Rhéa), à Océan et Thétis, aux **cyclopes** (primordiaux). Mais Ouranos ne supporta pas la vue des **cyclopes** et les repoussa dans le ventre de la terre. Écartelée et souffrante, Gaïa donna une faucille à **Cronos** pour qu'il émascule son père et prenne sa place sur le trône. Du sang gouttant du phallus d'Ouranos n'acquirent les **furies**, les géants et les Méliades (nymphes du frêne). Le sexe d'Ouranos atterrie dans la mer et de son mélange avec l'écume naquit Aphrodite.
Mais **Cronos** se montra aussi cruel que son père en enfermant au Tartare les **cyclopes** et en dévorant ses enfants au fur et à mesure que ceux-ci naissaient. Seul Zeus parvient à être sauver car Rhéa (sa mère) et Gaïa l'échangèrent contre une pierre langée.
Gaïa est l'inspiratrice de nombreux oracles et de nombreux temples lui rendaient hommage.
Elle est la mère primordiale, la fondatrice des lignées de la plupart des dieux.

Hadès / Pluton

Fils de **Cronos** et Rhéa, il reçoit l'intérieur des terres, le royaume des ombres, lors du partage du monde avec Zeus et **Poséidon**.
Il a pour femme **Perséphone** qu'il enleva de sur la terre.
Hadès est le gardien de son royaume (**Enfer**) dont nul ne peut partir et où chacun est soumis à sa loi. Hermès, le messager des deux, est le seul à pouvoir effectuer le voyage sans devoir payer un tribut pour sortir.
Hadès est associé à Pluton chez les Romains.

Hécate / Trivia

- **Mythologie Gréco-romaine**

Hécate est une ancienne déesse, Titanide ou bien fille de Zeus, elle lui reste fidèle lors de la rébellion des **Titans** contre Zeus. Pour la récompenser, Zeus lui donne pouvoir sur le ciel, la terre et les eaux. Elle est la déesse de la magie et de la sorcellerie. Elle protège les sorcières et les aide à fabriquer leurs filtres.
Elle est représentée avec trois têtes (une de jument, une de femme et une de chien) qui peuvent correspondre aux phases de la lune et fait dans ce cas partie de la triade : Hécate, **Artémis**, **Perséphone**.
Elle rode dans les cimetières avec ces compagnes (les **Érinyes**) pour appeler les **fantômes** afin de terrifier les vivants.
Elle est vénérée aux carrefours et plus particulièrement ceux où sa statue est déposée (à l'embranchement de trois routes).
Les athéniens en ont fait une déesse lunaire bienfaitrice favorisant la fertilité et les accouchements et prodiguant richesse, honneur et gloire.
Son nom latin est Trivia.

- **Démonologie**

Cf. page 22.

Héra / Junon

Fille de **Cronos** et Rhéa, elle est avalée à la naissance par celui-ci avec ses frères et sœurs (**Hadès**, **Poséidon**, Déméter, Hestia), à l'exception de Zeus qui est échangé contre une pierre. A l'âge adulte, Zeus oblige **Cronos** à recracher ses enfants ; ceux-ci se battent contre lui pour obtenir le pouvoir.
Héra devient la femme de Zeus (elle est la déesse des déesses) et lui donne plusieurs enfants (Arès, Ilithyie et Hébé) et conçoit Héphaïstos toute seule. A son tour, Zeus fait naître **Athéna** de sa tête. De jalousie, Héra enfante Thyphon et en fait le pire ennemi de Zeus.
Héra est la patronne du mariage et de la fidélité ; elle châtie les infidèles, en commençant par les conquêtes de son mari et ses enfants. Plusieurs hommes tentèrent de la conquérir (violer) et tous furent châtiés (par Zeus ou **Artémis**).
Héra est associée à Junon chez les Romains.

Janus

Dieu (romain) des commencements, des portes et des fenêtres. Il est représenté avec deux visages, chacun regardant d'un côté (passé/futur ; hiver/été…). Il est le garant du cours de l'année. Tout ce qui commence le concerne (premier mois de l'année, premier jour du mois, le début de chaque heure et du début de la vie).
Son temple se trouvait sur le forum de Rome, que les soldats empruntaient avant de partir en guerre. C'est pourquoi les portes du temple étaient toujours ouvertes en temps de guerre et toujours fermées en temps de paix.
Sa femme était Camisé et leur fils Tibérius (qui donna son nom au Tibre en se noyant dedans).

Minerve / Athèna

Fille de Zeus, elle fait partie des douze olympiens.
Elle sortit du crâne de son père lorsqu'Héphaïstos le fendit d'un coup de hache. Elle était déjà adulte et portait les armes pour la bataille.
Athéna est souvent représentée en armure, équipée d'un casque, d'un bouclier rond et d'une lance. Son animal est la chouette. Sur son bouclier est peint (ou épinglé) la tête de Méduse que Percée lui ramena.
Athéna est la déesse de la guerre, des arts et de plusieurs professions.
Athéna est une déesse vierge ne fuyant pas les hommes.
Elle est la patronne de nombreuses villes, dont notamment Athènes, qu'elle se disputa avec **Poséidon**. Mais les athéniens préférèrent le cadeau d'Athéna (un olivier) plutôt que celui de **Poséidon** (une source d'eau saumâtre). À Athènes, **Poséidon** est vénéré juste après Athéna.
Athéna est aussi la protectrice de plusieurs héros (Persée, Bellerophon, Héraclès, Jason, Diomède et Ulysse).
Athéna fut associée à Minerve par les Romains.

Minotaure

Le minotaure est un « monstre » ayant un corps d'homme orné d'une tête de taureau. Il s'agit du fils de Pasiphéa (épouse de Minos) et d'un taureau. C'est Aphrodite qui permit à Pasiphéa d'assouvir sa passion pour le taureau, contre l'avis de son mari.
Minos demanda à Dédale de construire un labyrinthe d'où personne ne pouvait sortir et y cacha le minotaure. Des jeunes gens lui était envoyé en sacrifice pour le nourrir.
Thésée parvint à tuer le minotaure et réussit à sortir du labyrinthe grâce au fils qu'Ariane lui avait donné et qui lui permis de revenir sur ses pas.

Némésis

C'est la fille de la déesse Nyx (déesse de la nuit), elle est la déesse de la Juste Vengeance (la vengeance divine). Elle châtie les crimes et puni les amants cruels.
Convoité par Zeus, elle lui échappe en se métamorphosant plusieurs fois. Sous la forme d'une oie, Zeus la retrouve et se transforme en cygne et s'unit à elle. Sous sa forme d'oie, Némésis pont un œuf duquel naît Hélène (qui sera à l'origine de la guerre de Troie).
Némésis peut aussi être considérée comme la protectrice de la pudeur.

Proserpexa / Perséphone

Perséphone est la fille de Zeus et de Déméter.
D'une très grande beauté, Déméter l'éleva à l'écart du monde en Sicile. Un jour qu'elle ramassait des fleurs dans une prairie, **Hadès** l'aperçut et l'emporta sur son char dans son royaume : les **enfers**. Déméter chercha sa fille mais personne ne savait ce qui s'était passé, hormis Hélios (le soleil qui voit tout). Hélios rapporta à Déméter le rapt dont était victime Perséphone. Furieuse, Déméter se retira du monde et frappa la terre de sécheresse (stérilité). Pour ne pas que les hommes meurent, Zeus implora Déméter de redonner la vie à la terre. Elle n'accepta qu'à condition qu'on lui rende sa fille. Zeus envoya Hermès (le messager des dieux) à **Hadès** en lui demandant de rendre Perséphone. **Hadès** y consentit à condition que Perséphone n'ait pas consommé de nourriture aux **enfers**. Perséphone avait mangé quelques grains de grenade, elle était donc liée aux **enfers** et à **Hadès**. De ce fait, Perséphone put retourner sur terre avec sa mère mais devait retourner aux **enfers** trois (ou six) mois dans l'année. C'est durant cette période que la terre ne donne pas ses fruits.

Perséphone devient de fait une divinité des **enfers**.
Pour les Mystères d'Éleusis, qui vénère en particulier Perséphone et Déméter, Perséphone est appelée Coré.
Perséphone, pour les Grecs, est appelée Proserpine chez les Romains.

Satyre

- **Mythologie**

Les satyres sont des créatures des bois qui accompagnent les ménades lors des cérémonies à l'hommage de **Dionysos**[6].
Les satyres avaient pour sœurs les Oréades et étaient connus pour leurs appétits lascifs ainsi que leur dévergondage.
On leur attribue, assez tardivement, des caractéristiques animales : oreilles pointus, jambes de cheval pourvu de sabot et une tête ornée de petites cornes.
Les satyres représentent la fertilité spontanée de la nature sauvage.
Boire, jouer et importuner les nymphes (pour satisfaire leurs appétits) sont leurs occupations favorites.

- **Langue**

Un satyre est un individu se livrant, sur la voie publique à des manifestations exhibitionnistes, à des attentats contre la pudeur.

6 *Cf. Sabassis*

Thésée

Thésée est le plus célèbre des héros athénien. Il est le fils d'Égée et d'Aethra. Égée, qui n'avait pas d'enfant, alla consulter l'**Oracle de Delphes**. Lors de son voyage de retour, il passa la nuit avec Aethra. Au moment de repartir pour Athènes, Aethra lui apprit qu'elle attendait un enfant. N'étant pas sûr de sa paternité, Égée souleva un rocher et y cacha son épée et une paire de sandales. Il dit à Aethra que lorsque son fils sera suffisamment fort pour soulever le rocher de prendre ce qu'il y a en dessous et de venir avec à Athènes où il sera reconnu comme l'héritier du trône.

Lorsqu'il fut suffisamment grand, Aethra révéla à Thésée ses origines. Celui-ci souleva le rocher sans effort et parti pour Athènes ; il préféra voyager sur terre car le trajet était réputé dangereux. De nombreux brigands y étaient présents. A chaque fois qu'il rencontrait un brigand, il lui faisait subir le sort qu'eux-mêmes faisaient subir aux autres.

Lorsqu'il arriva à Athènes, Médée, la compagne d'Égée qui avait un fils, essaya de provoquer la mort de Thésée mais celui-ci fut reconnu par Égée juste à temps. Médée s'enfuit d'Athènes et n'y revint jamais. Thésée fut sacré successeur d'Égée sur le trône d'Athènes.

Les athéniens devaient payer tribut à Minos en lui envoyant sept jeunes hommes et sept jeunes femme tous les ans (ou tous les neuf ans) pour que ceux-ci servent de repas au **minotaure**. Thésée se porta volontaire. Il partit avec les autres athéniens. Arrivé en Crète, Ariane, une fille de Minos, tomba amoureuse de Thésée et alla demander à Dédale (qui avait construit le labyrinthe) comment réussir à en sortir. Dédale donna une bobine de fil à Ariane en lui disant de l'attacher à l'entrée du labyrinthe avant d'y pénétrer et qu'il n'avait qu'à suivre le fil pour en sortir. Ariane donna la bobine à Thésée qui parvint à sortir du labyrinthe une fois qu'il eut tué le **minotaure**. Par cet acte, le tribut des athéniens fut levé.

Lors de leur voyage de retour, Thésée oublia de changer la couleur des voiles de son bateau, signifiant qu'il était vivant. Le croyant mort, Égée se jeta dans la mer (qui porte depuis son nom). Thésée fut sacré roi d'Athènes. Il dut combattre de nombreuses fois pour

conserver son trône et lors d'une de ses aventures où il quitta son royaume, il ne put reprendre sa place à son retour.
Il se réfugia à Scyros, qui était un allié de son père. Le roi de Scyros, craignant la présence d'un homme ayant de si grand pouvoir/force, le poussa du haut d'une falaise.
C'est ainsi que mourut Thésée.

Thespia / Thespios

Thespios est le fils d'Érechthée. Il est le fondateur de Thespies, située en Béotie.
Il avait cinquante filles qui donnèrent cinquante fils à Héraclès (Hercule).

Équivalence des noms Grecques et Romains (Latin) cités dans cet ouvrage :

Grecque	→	**Latin**
Artémis	→	Diane
Aphrodite	→	Vénus
Apollon	→	Phébus
Arès	→	Mars
Athéna	→	Minerve
Cronos	→	Sature
Déméter	→	Cérès
Dionysos	→	Bacchus
Éros	→	Cupidon
Hécate	→	Trivias
Hadès	→	Pluton
Héphaïstos	→	Vulcain
Héra	→	Junon
Héraclès	→	Hercule
Hermès	→	Mercure
Hestia	→	Vesta
Nox	→	Nyx
Ouranos	→	Uranus
Perséphone	→	Persépine
Poséidon	→	Neptune
Zeus	→	Jupiter

Mythologie judéo-chrétienne

Abel • Adam • Anges • Apocalypse •
Arche de Noé • Armageddon • Ascension •
Caïn • Caleb • Cassiel • Diable • Éden •
Jesekel • Paradis • Péchés • Saint Graal •
Sang de l'agneau

Abel

Abel est l'un des trois fils d'**Adam** et **Ève**. Son frère aîné, **Caïn**, est agriculteur tandis qu'Abel est berger.
Un jour, les deux frères se présentèrent et firent offrandes à Yahvé le fruit de leur travail. Les récoltes de **Caïn** n'ont pas l'approbation de Dieu tandis que les premiers nés du troupeau d'Abel sont au goût de Dieu. Jaloux d'avoir été dédaigné par Dieu, **Caïn** entraine son frère dans son champ et le tue. Lorsque Dieu demande à **Caïn** où est se trouve son frère, **Caïn** ment et Dieu le condamne à errer seul sur la terre sans que celle-ci puisse le nourrir.
Refusant son châtiment, **Caïn** souhaite provoquer sa mort lors d'une bagarre. Mais Dieu ne veut pas que **Caïn** abrège son châtiment et le marque afin que quiconque tente de lui nuire reçoive une punition sept fois supérieure à celle qu'il voulait infliger.

Adam

Adam est le premier homme créé par Dieu à partir de l'argile. Il vit dans le jardin d'**Éden**.
Dieu créa une femme pour Adam à partir d'argile, elle se nomme Lilith. Mais Lilith n'est pas obéissante et refuse de se soumettre à la loi de Dieu qu'Adam suit. Pour la punir, Dieu la chasse d'**Éden** et la rend stérile.
Dieu créa une seconde femme à Adam à partir d'une côte de celui-ci pour qu'elle lui reste toujours attachée ; il s'agit d'**Ève**. Mais **Ève** est curieuse et se laisse convaincre par le serpent pernicieux de goûter au fruit de l'arbre de la connaissance. À cause de cela, Adam et **Ève** sont chassés du jardin d'**Éden** et sont condamnés à vivre sur Terre où chaque femme portera en elle le **péché** originel.

Anges

Ange, du latin (*angelus*) et du grec (*angelos*) signifie messager.
Les anges sont les intermédiaires, munis d'ailes, entre Dieu et les hommes. L'ange être spirituel, souvent guide et garde mais aussi chargé d'appliqué la justice divine (ange exterminateur par exemple).
Les anges incarnent la pureté, la beauté et la sérénité. Ils peuvent être représentés vêtus d'une armure ou d'une longue robe blanche.
Il existe différente sorte d'ange : les séraphins (ange possédant six ailes, chargés des purifications et extermination par le feu, représentant la Lumière), les chérubins (représentés par des lions ailés à tête humaine), des angelots (représenté comme des enfants potelés munis d'ailes) et des archanges (sommet de la hiérarchie angélique, ils sont au nombre de sept : Michel, Gabriel, Anaël, Raphaël, Samaël, **Cassiel** et Sachiel).

Apocalypse

L'Apocalypse est la fin du monde représentée par le retour du Christ victorieux rétablissant la justice sur le monde, récompensant les justes et les fidèles et châtiant les méchants et les injustes.
Les **anges** joueront de la trompette, ce qui provoquera l'ouverture des sept sceaux du livre de l'Apocalypse dont sortiront les **Cavaliers** (quatre premiers sceaux) et les bêtes monstrueuses. A l'ouverture du septième sceau, le Christ sera de retour.

Arche de Noé

L'Arche fut construite par Noé à la demande de Dieu pour échapper au déluge. Noé devait la construire suffisamment grande pour pouvoir accueillir un couple de chaque espèce animale vivant sur Terre, en plus de Noé et sa famille.
Dieu provoqua le déluge sur la Terre des hommes pour anéantir toute vie sur celle-ci. Le déluge dura plus de sept mois et lorsque l'eau eut fini de tomber, l'Arche se posa sur le mont Ararat.

Armageddon

Armageddon désigne le combat final entre les forces du bien et du mal. Il s'agit d'un moment de l'**Apocalypse**.
Le terme d'Armageddon est souvent synonyme d'**Apocalypse**.

- **Langue :**

Armageddon désigne toute situation pouvant finir de manière apocalyptique.

Ascension

L'Ascension commémore le départ vers le ciel du Christ en présence de ses apôtres et disciples.
L'Ascension intervient quarante jours après la résurrection du Christ (fêtée le dimanche de Pâques).
Bien que le terme d'Ascension ne concerne que la montée au ciel du Christ, il est à noter que la religion chrétienne reconnait deux autres montées au ciel : celle d'Hénoch[7] et celle du prophète Elie[8].

7 *Hénoch est enlevé par Dieu après avoir vécu 365 ans*
8 *Élie est enlevé par un char de feu tiré par des chevaux de feu*

Caïn

Caïn est l'un des trois fils d'**Adam** et **Ève**. Son frère cadet, **Abel**, est berger tandis que Caïn est agriculteur.
Un jour, les deux frères se présentèrent et firent offrandes à Yahvé le fruit de leur travail. Les récoltes de Caïn n'ont pas l'approbation de Dieu tandis que les premiers nés du troupeau d'**Abel** sont au goût de Dieu. Jaloux d'avoir été dédaigné par Dieu, Caïn entraine son frère dans son champ et le tue. Lorsque Dieu demande à Caïn où est se trouve son frère, Caïn ment et Dieu le condamne à errer seul sur la terre sans que celle-ci puisse le nourrir.
Refusant son châtiment, Caïn souhaite provoquer sa mort lors d'une bagarre. Mais Dieu ne veut pas que Caïn abrège son châtiment et le marque afin que quiconque tente de lui nuire reçoive une punition sept fois supérieure à celle qu'il voulait infliger.

Caleb

Caleb appartient à la tribu de Juda. Il est l'ancêtre des Calébites.
C'est l'un des douze hommes envoyés par Moïse en reconnaissance, avant d'entrer en Terre Promise.

Cassiel

Cassiel est l'un des sept archanges. Les archanges sont placés au plus haut dans la hiérarchie angélique ; ce sont les plus proches collaborateurs de Dieu.
Les autres archanges sont Michel, Gabriel, Anaël, Raphaël, Samaël et Sachiel.

Diable / Satan

Le diable est le nom générique donné à l'incarnation des forces du mal ; il s'agit de Satan, l'**ange** déchu, le mauvais génie, le malin et chef des **démons**.
Le diable est l'ennemi des fidèles qu'il ne cesse de tenter par ses ruses. Il s'agit aussi de l'ennemi de l'humanité qu'il faut combattre à tout prix.
Satan / Belzébuth est représenté avec des ailles (**ange** déchu), possédant une ceinture de feu et un trident.

Éden

Dans la Bible, l'Éden (ou le jardin d'Éden) est le lieu où est situé le paradis terrestre. Il s'agit de la demeure originelle des Hommes dont **Adam** et **Ève** furent chassés après que celle-ci mordit dans un fruit de l'arbre de la connaissance qui lui était défendu.
Pour le christianisme, le paradis est le lieu où demeurent les âmes des hommes justes.
Le mot Éden vient de l'hébreu et signifie délices.

Jesekel / Ézéchiel

Ézéchiel est l'un des prophètes des religions monothéistes (au même titre que Moïse, Daniel...). Lors de la fuite de Babylone (vers 580 av. J.-C.), il reproche au peuple de Dieu et aux nations leur mauvaise conduite. Puis, au bout de dix années, lorsque l'espoir commence à disparaitre, il raconte que Dieu sauvera le peuple élu. Son nom signifie « Que Yahvé rende fort ».

Paradis

Paradis vient du grec *paradeisos* et signifie jardin, verger. Il désigne le séjour des bienheureux après la mort.
La notion de paradis est commune à la plupart des religions et mythologies des hommes, c'est un lieu des délices où séjournent les hommes (justes) après leur mort.

Péchés

Péché, du latin *peccatum,* signifie faute, crime. Il s'agit d'une transgression, volontaire ou non, des commandements de Dieu.
Le péché originel est la faute que tout Homme porte en lui suite à l'expulsion d'**Adam** et **Ève** du jardin d'**Éden**.
Les péchés capitaux, au nombre de sept, sont, à la base, des péchés mortels mais ils deviennent par la suite des péchés véniels dont la prière et la contrition peuvent effacer.
Les péchés capitaux sont : l'envie, la paresse, la gourmandise, la luxure, la colère, l'orgueil et l'avarice.
La notion de péché est commune à l'ensemble des religions depuis que celles-ci existent et sont nommés tabou.

Saint Graal

Le Saint Graal est la coupe ayant recueilli le sang du Christ lorsqu'il était sur la croix. Cette coupe serait celle dans laquelle il but lors de son dernier repas (la Cène). La légende veut que Joseph d'Arimathie[9] l'ait apporté en Angleterre et qu'il cacha la coupe sur une colline qui deviendra par la suite Glastonbury.

9 *Joseph d'Arimathie est un contemporain et disciple de Jésus-Christ. Il est celui qui offrit son propre tombeau pour le Christ ait une dernière demeure.*

Il s'agit d'une relique sacré et très importante pour l'Église catholique.
Lors de la christianisation de la Grande-Bretagne, le Saint Graal fut assimilé au **Graal** des celtes et sa quête devient l'aventure principale d'**Arthur** et des Chevaliers de la Table Ronde.

Sang de l'agneau

L'agneau désigne le Christ, sous l'appellation *Agnus Dei*.
L'agneau représente l'innocence et la pureté dont le sang est versé à la place des coupables.

Autres mythologies

Arhur (roi) • Escalibur • Graal • Vaudou • Wicca

Arthur (Roi)

▪ Mythologie arthurienne

Arthur est le fils d'Ygerne de Tintagel et d'Uther Pendragon. C'est grâce à Merlin qu'Uther put rejoindre la couche d'Ygerne sous les trais de son mari le duc de Gorlais.
Arthur a une demi-sœur du nom de Anna[10] (ou Morgadès), femme de Lot, duc d'Orcanie. L'épouse d'Arthur est Guenièvre.
Arthur est le personnage principal de la légende arthurienne et des Chevaliers de la Tables Ronde.
L'exploit qui fait d'Arthur un roi est ses victoires faces aux envahisseurs saxons : les douze grandes batailles qu'il remporte délimitent, à terme, les frontières linguistiques entre le monde anglo-saxons et le monde celte : Cornouailles, Pays de Galles et Ecosse. Arthur incarne la résistance bretonne (celte) face à l'envahisseur (saxon).
Le premier exploit d'Arthur est de retirer l'épée de la pierre (il s'agit parfois de l'épée du gisant de son père). C'est la fée Viviane qui donne à Arthur son épée légendaire : **Excalibur** (ou Caliburne).
Arthur possède de nombreux objets magiques en plus d'**Escalibur** : un bouclier (qui peut, entre autre, se transformer en pont ou en navire), une lance, un couteau et son manteau blanc « manipule » le visible et l'invisible.
Arthur réalise de nombreux exploits (tuer des géants, vaincre des dragons, partir en quête d'objets magiques…).
Guenièvre est séduite par Lancelot et s'enfuit de Camelot avec lui. Cette fuite ne dura pas longtemps mais sera à l'origine du déclin du royaume d'Arthur.
Lorsqu'Arthur part combattre l'empereur de Rome, il laisse le royaume en gérance à Mordred, son neveu[11]. Celui-ci en profite pour séduire (ou maltraiter) la reine et usurper le trône. Lorsqu'Arthur est de retour, celui-ci combat Mordred pour reprendre sa place légitime. Arthur parvient à tuer Mordred mais il est mortellement blessé par celui-ci. La fée Morgane vient le chercher pour le conduire sur l'île d'Avalon où il attend le moment où il pourra

10 *Selon certaines légendes, sa demi-sœur serait la fée Morgane.*
11 *Qui passe parfois pour le fils d'Arthur et de sa demi-sœur.*

revenir et redonner sa gloire à la Bretagne.

Escalibur

- **Mythologie arthurienne**

Escalibur est l'épée légendaire et magique que la Dame du Lac offre à **Arthur**.
Il existe plusieurs nom pour cette épée : Escalibur ; Excalibur ; Caliburne ; Kaledwlech (ou Caledwlech).
Sa lame aurait été forgée à partir d'une pierre tombée du ciel.
Lorsqu'**Arthur** la sort de son fourreau et la brandie, des flammes entourent la lame.
Au moment où **Arthur** est mortellement blessé par Mordred et est emmené par la fée Morgane, **Arthur** jette son épée dans le lac. Une main s'en saisit, la brandie et disparaît sous l'eau.

Graal

- **Mythologie arthurienne**

A l'origine, le graal est un plat large et peu profond servant à nourrir un grand nombre de personne.
Étymologiquement, le « graal » se rapproche de « gaulois » au sens populaire, c'est-à-dire non latin.
Ce n'est que plus tard, lors de la christianisation du monde anglo-saxons, que le graal devient le **Saint Graal**, le dernier récipient dans lequel Jésus ait mangé et ayant recueilli son sang.
Le graal peut être associé à deux autres éléments dans la culture celtique traditionnelle : la lance qui saigne et le tailloir d'argent.
La lance peut avoir un lien avec la cruentation[12] ou bien une lance dont la pointe est rouillée. Plus tard, cette lance est associée à la lance du centurion Longin qui perça le flan de Jésus lorsque celui-ci

12 *Un cadavre saigne lorsque l'auteur de sa mort est à proximité.*

est sur la croix.
Le tailloir d'argent est un plat servant à tailler, c'est-à-dire, découper la viande avant de la servir. Selon une ancienne tradition, la nourriture ne doit jamais être en contact avec le fer (la lance) c'est pourquoi la nourriture doit être déposée dans un plat en argent (tailloir) ou en or (graal).
Selon une première légende, le graal est gardé par le Roi Pêcheur, infirme, qui ne pourrait être guéri que si quelqu'un (en particulier Perceval) l'interroge sur les trois objets ; ce que Perceval ne fait pas (il ne veut pas paraître curieux ou déplacé) et n'obtient donc pas les objets.
Selon une seconde légende, Perceval trouve le graal mais le perd sur le chemin du retour vers Camelot.
La quête du graal (et plus particulièrement du **Saint Graal**) n'apparaît que tardivement dans la légende arthurienne (la quête du **Saint Graal** en tant que mission principale des chevaliers de la Table Ronde apparait encore plus tardivement, au moment de la fusion en proses des récits en vers et de l'expansion de la christianisation).

Vaudou

Le vaudou est une religion résultant de l'importation d'esclave en provenance d'Afrique aux Antilles. Il s'agit des rites magiques africains incorporés à la religion dominante de l'époque. Le principe du vaudou est qu'il vaut mieux s'adresser aux dieux qu'à Dieu qui est trop lointain et trop respectable.
La magie vaudou peut être utilisée à bon ou mauvais escient, comme toute magie.
Le Baron Samedi (dieu des Cimetières) et Maîtresse Erzulie (déesse de l'Amour) sont les plus souvent invoqués.

Wicca

La Wicca est une religion néo-païenne, ayant pris un essor au milieu du XXème siècle. Ces adeptes prônent un culte envers la nature et « pratique la magie » (on peut considérer que les Wicca sont les **sorciers** modernes).
Ces inspirations sont multiples (bouddhisme, germano-scandinave, gréco-romaine, celte).
La Wicca est particulièrement proche des celtes de par ces sabbats rituels aux pleines lunes, solstices et équinoxes ainsi que les quatre grandes fêtes celtique : Samain, Imbolc, Beltaine[13] et Lugnasadh. De plus, le principe d'une Déesse Mère (la Lune, principe féminin) s'unissant au Dieu Cornu (principe masculin) est directement issu de la mythologie celtique.

---

13 *Ou Beltane.*

Principes apparaissant dans plusieurs mythologies

Démons • Destin • Enfer • Fantôme • Génies • Pentacle • Sirènes • Sorcière • Vampire

Démon

Du grec *daimôn*, qui signifie « génie, divinité ». Puissance terrestre ou céleste, entité que l'on rencontre dans toutes les mythologies antiques ainsi que dans les religions contemporaines.

Par sa force naturelle, le démon est souvent considéré comme dangereux mais il est positif lorsqu'on le maîtrise, le dompte ou l'apprivoise, tel que le Géant vert des traditions celtiques.

Dans l'animisme, le démon est souvent l'esprit ou l'énergie d'un fleuve, d'un arbre, d'un volcan ou d'un phénomène incompréhensible ou non maîtrisable.

Pour la Bible, et notamment le Nouveau Testament, les démons sont les agents du mal, maladies et souffrances ; c'est pourquoi chasser les démons correspond à guérir et apaiser le malheur des hommes. Seule la prière et le pouvoir du Seigneur peuvent triompher de ces entités négatives au service de Satan.

Destin / Destinée

Il s'agit de l'avenir prédestiné de quelqu'un ou quelque chose, inévitable, souvent orchestré par une puissance supérieure.

La destinée peut être soit bénéfique, il s'agit alors de bonne fortune, soit néfaste, il s'agit alors de fatalité.

Enfer / Enfers

- **Mythologies monothéiste**

Il s'agit du lieu où l'âme des défunts impurs, infidèles subissent les tourments comme châtiment de leurs mauvaises actions sur Terre. Pour la religion chrétienne, seules les âmes damnés finissent en enfer, les saints finissent directement au paradis et les pêcheurs doivent accomplir leur peine au purgatoire avant de pouvoir accéder au paradis.
L'Enfer est le domaine de **Satan**, la symbolique du feu y est presque toujours rattachée.

- **Mythologie grecque**

Il s'agit du royaume des morts et **Hadès** en est le gardien. Tous les morts y finissent. Charon guide les morts sur Styx pour accéder aux Enfers qui est gardé par Cerbère (qui empêche les morts de sortir). Trois juges (Minos, Éaque et Rhadamanthe) définissent dans quel lieu le défunt terminera son séjour. Les enfers comportent plusieurs lieux; Les défunts vont dans celui qui correspond à la vie qu'ils ont menée sur Terre : le Tartare (où finissent les mauvais qui y subissent leur châtiment éternel) ; les champs d'asphodèles (où finissent la plupart des morts qui réalisent de façon mécanique les tâches qu'ils effectuaient de leur vivant) ; les Champs **Élysée** (lieu de délice où finissent les âmes méritantes).

- **Mythologie scandinave**

Il n'y a pas d'enfer à proprement parlé en mythologie scandinave. Les âmes des morts finissent dans différents lieux en fonction de leur vie. Les hommes morts de vieillesse ou de maladie finissent dans le royaume de Hel[14] ; les combattants tombés au combat finissent, pour moitié, dans la Valhalla d'Odin, l'autre moitié va dans la demeure de Freyia

- **Mythologie celtique**

Il n'y a pas d'enfer en mythologie celtique. Les héros partent pour l'Autre monde, à l'instar d'**Arthur**, où règne la paix et l'abondance ; tandis que le reste des mortels est emmené par l'Ankou[15] (person-

14 *Le nom de Hel a donné Hell, à savoir enfer en anglais.*
15 *La **faucheuse** (ou camarde) est une descendante directe de l'Ankou.*

nage de la mort, squelette portant sa faux et remplissant sa charrette grinçante des âmes des trépassés) sur le Grand Océan vers l'ouest du soleil couchant.

- **Mythologie égyptienne**

Il n'y a pas de châtiments d'outre-tombe mais les justes bénéficient d'une vie éternelle semblable à celle qu'ils ont vécue sur terre tandis que les méchants sont voués au néant.

- **Mythologie mésopotamienne**

On y trouve dans les profondeurs de la terre un Kigallou, environné d'une septuple enceinte, où les morts sont plongés dans une obscurité épaisse et n'ont pour nourriture que les offrandes des vivants déposées dans les tombeaux.

Le défunt devient une sorte d'esprit ou de **fantôme** ; l'esprit-fantôme, surtout après une mort violente, prend quelque fois un aspect malveillant et tourmente les vivants. Seuls les nouveau-nés et ceux qui sont morts avant leur temps jouissent d'une existante agréable dans l'au-delà. Les morts sans sépulture (qui ont péri dans un incendie notamment), ont une existante post-mortem des plus accablantes.

Fantôme / Revenant / Apparition

Le fantôme, revenant, esprit, apparition, phantame[16], spectre, est l'apparition d'un défunt sous une forme réelle ou translucide. Le défunt revient sous cette forme, notamment en cas de mort violente, pour se venger ou être venger. Il existe plusieurs rituels pour se débarrasser d'un fantôme, en particulier celui de lui fournir une sépulture décente ou de lui obtenir réparation. Lorsqu'un fantôme n'a pu l'obtenir, il hante les lieux et peut se transformer en mauvais esprit jusqu'à ce que quelqu'un l'aide à obtenir justice.

16 *Du latin phantasma : apparition.*

▪ **Mythologie**

Les fantômes font partie de ces êtres présents dans l'ensemble des mythologies. Les vivants les craignent et ont établi de nombreux rites afin qu'un défunt ne revienne pas sous la forme d'un fantôme (feux follets celtes). Les lémures peuvent aussi bien être des fantômes que des **vampires**.

Génies / Djinn

▪ **Mythologie germano-scandinave**

Le terme de génie désigne les divinités secondaires. Certaines font l'objet de culte populaire, ce sont des divinités «personnelles», jouant un rôle protecteur, proche de l'ange gardien chrétien.
Le terme de génie peut aussi désigner les créatures féeriques :
- Elfes : ils ont un aspect humain et sont soit très beaux soit petits et repoussants.
- Gnomes : ils habitent au sein de la terre et dans les montagnes. Ce sont de petits vieillards, portant une barbe et un bonnet phrygien rouge. Ils sont invisibles le jour mais se trahissent la nuit par le feu et le bruit de leur forge.
- Lutins : ils sont représentés comme de vieux nains portant un bonnet phrygien. Ils sont taquins et généralement serviables.
- Nains : ils habitent les cavernes, arbres creux, les antres ou le sein de la terre. Ils sont parfois hostiles aux hommes mais le plus souvent leur sont favorables.
- Nixes : ce sont les génies marins qui attirent l'homme dans les eaux. Ils peuvent prendre plusieurs aspect et ils sont reconnaissables à l'ourlet mouillé de leur vêtement lorsqu'ils ont forme humaine.
- Sylphes : ce sont les génies habitant l'atmosphère ; Obéron (roi des **Elfes**) en fait partie.

▪ **Mythologie gréco-romaine**

Le génie est la représentation divinisé de l'homme qui protège l'individu (rarement lui nuire). Le terme *genius* est utilisé pour les génies rattachés à des hommes et le terme de ***junon*** à ceux rattachés aux femmes.

- **MYTHOLOGIE HINDOUE**

Les génies (Daityas et Danavas) sont des êtres surnaturels résidant dans les mondes inférieurs mais jouissant des plaisirs célestes. Ils comptent parmi les anti-dieux (frères aînés des dieux) et ont été relégués dans les mondes souterrains car ils étaient orgueilleux, cruels et sensuels.

- **MYTHOLOGIE ORIENTALE**

Le termes de Djinn est originaire d'Orient et désigne un génie, pouvant apparaître sous forme humaine ou animale. Il posséde les caractéristiques de la forme empruntée tout en conservant ses caractéristiques intrinsèques. Certains sont bénéfiques et d'autres redoutables.

L'union d'un Djinn et d'un humain peut donner naissance à des êtres aux qualités extraordinaires ou bien à des êtres diaboliques, ils sont alors appelés *Ifrits* et *Marids*.

PENTAGRAMME

Un pentagramme (ou pentacle) est une étoile à cinq branches dont tous les points sont reliés entre eux.

Il représente l'union des inégaux formant un tout. Il tire sa puissance des contraires dont il est issu.

C'est un puissant symbole pour les alchimistes, les **sorciers** et les francs-maçons.

Lorsqu'il est représenté avec une pointe en haut, il s'agit d'un symbole de magie blanche (*Cf. image*), lorsqu'il est représenté avec deux pointes en haut, il s'agit d'un symbole de magie noire (les pointes représentant les cornes de **Satan**).

Dans l'hindouisme, le pentagramme est un symbole de **Vishnu**. Il s'agit de cinq triangles entourant un pentagone.

Sirènes

- **Mythologie**

Les sirènes sont présentent dans de nombreuses mythologies. Leur apparence admise populairement est issue de la mythologie grecque, et plus particulièrement de l'Odyssée (voyage mythique d'Ulysse) : mi-femme, mi-poisson, pourvue d'une longue chevelure. Elles attirent les marins grâce à leur chant afin de provoquer des naufrages et les noyer.
La sirène est aussi présente dans la mythologie celte où elle séduit les pêcheurs et les entraine au fond de la mer.
La sirène représente toujours la séduction et la fatalité de la mer.

- **Langue**

Le chant des sirènes : une offre séduisante mais dangereuse.

- **Créature fantastique :**

Cf. page 74.

Sorcière, Sorcier et Mage

On retrouve des êtres pratiquant la magie dans l'ensemble des mythologies et religions. En revanche, la société les considère soit bénéfique soit maléfique, dans tous les cas, les êtres pratiquant la magie sont toujours respectés et/ou craints.

- **Mythologie celtique**

Les druides appartiennent à une classe sociale élevée comportant les bardes, poètes et devins. Ils avaient les connaissances des plantes et de leurs utilisations. En Gaule, ils font office d'éducateurs et pratiquent de nombreux rites (celui de la cueillette du gui est le seul qui nous est connu). En Irlande, les druides sont tous magiciens (ils évoquent le passé et prédisent l'avenir, ils guérissent les maladies).

- **Mythologie égyptienne**

Isis est la première des magiciennes. Elle est vénérée dans toute l'Égypte et son culte est l'un des derniers à disparaitre.
Les prêtres de plusieurs cultes peuvent être considérés comme des sorciers.

- **Mythologie germano-scandinave**

Les sorcières sont des femmes malignes qui tourmentent l'homme en détruisant son travail, métamorphosant son bétail.
Elles voyagent à dos de bouc et il n'est pas rare de les voir traverser le ciel.

- **Mythologie gréco-romaine**

Hécate est la déesse de la magie et de la sorcellerie. Elle est la protectrice des sorcières et les aide à préparer leurs potions.
Circé est une magicienne qui transforma les compagnons d'Ulysse en cochon lorsque ceux-ci atteignirent son île. Ulysse ne subit pas son pouvoir car il possédait une herbe, qu'Hermès lui avait donné, qui le protégeait des pouvoirs de Circé.

- **Mythologie judéo-chrétienne**

Les sorciers sont des êtres pratiquants la magie ainsi que les prêtres des anciennes religions.
La magie est toujours noire (jamais blanche) car il s'agit d'une manipulation du monde tel que Dieu l'a créé. Les êtres pratiquant la magie sont presque toujours des femmes (car la femme porte en elle le péché originel et est donc plus encline à la tentation que l'homme).
Les sorciers et sorcières ont de tout temps été condamnés et persécutés. Les périodes les plus noirs ont laissé des traces dans l'Histoire (l'Inquisition du XVème au XVIIIème siècle ; le procès des sorcières de Salem en 1692…).
Il ne faut pas confondre les sorciers avec les (rois)-mages qui étaient des prêtres astrologues ayant été avertis de la naissance du Christ par une étoile et l'ayant suivi pour honorer sa naissance.

- **Les chamans**

Les chamans peuvent être assimilés aux sorciers bien que leurs origines diffèrent. Ils sont présents dans de nombreuses régions du monde (principalement en Amérique, Australie, Afrique). En Occident, les druides et certains prêtres avaient le même rôle.

Les chamans ont un rôle à la fois de guide et d'intermédiaire. Ce sont des médecins (identification des maladies) et guérisseurs (guérir les maladies), des devins (prédire l'avenir) et des sorciers (retrouver des personnes et objets perdus, démasquer les coupables…). Ils ont aussi un rang social important (ils nomment les enfants...).

- **Créature fantastique**

Cf. page 74.

Vampire

- **Mythologie aztèque et maya**

Le dieu Tezcatlipoca, dieu de la Guerre et de la Nuit, était le protecteur des vampires et des **loups-garous**.

- **Mythologie grecque**

On trouve (la) Lamia[17] chez les Grecs qui enlevait les petits enfants pour sucer leur sang. Lamia faisait office de croque-mitaine à l'Antiquité.

- **Mythologie hindoue**

Les Vétalas sont des vampires qui animent les cadavres. Ils pratiquent la magie noire.

- **Mythologie judéo-chrétienne**

Il s'agit de la forme la plus populaire des vampires. Ceux-ci sont des vivants qui ont été mordus puis transformer à leur tour en vampire. Traditionnellement, il faut que le futur vampire boive du sang de vampire pour en devenir un lui-même. Mais dans certaines traditions, celui qui est mordu par un vampire devient à son tour un vampire.

Les vampires sont des non-morts, ils n'ont pas de pouls ni de reflet dans un miroir. Ils craignent la croix, l'eau bénite, l'ail et l'argent (métal). Pour les tuer, il faut soit leur enfoncer un pieu en bois dans le cœur ou bien leur trancher la tête. Le feu et la lumière du soleil leur sont fatals.

17 *Lamia fut aimée par Zeus qui lui donna un enfant, Héra, par jalousie, fit en sorte que Lamia dévore son propre enfant. Elle devient folle par la suite et devient un monstre qui vit dans une caverne et ravissant des enfants pour se repaître de leur sang*

Les vampires sont soit les descendants de Lilith (première femme d'**Adam**, créé en même temps que lui avec de l'argile ; stériles et ravisseuse de nourrissons) ou les fils de **Judas** (celui qui trahi le Christ pour trente pièces d'argent, en lui donnant un baisé et qui se pendra).

- **Mythologie romaine**

Les Lémures sont les esprits des morts.

On pratiquait des cérémonies, début mai, appelé Lémuria, pour se débarrasser de ses esprits en leur faisant offrande de fèves noires.

- **Créature fantastiques**

Cf. page 75.

Légende et fantastique

Bézoard • Goule • Leprechaun • Loup-garou • Sirène • Sorcière • Troll • Vampire • Zombie

Bézoard

Le bézoard est une pierre (congrégation minérale) que l'on trouve à l'intérieur de l'estomac des chèvres (et des herbivores en général). Il s'agit d'un ingrédient utilisé en magie et en alchimie.
Le mot vient de l'arabe *bazahr* (et du perse *padzahr*) et signifie pierre à venin.

Goule

La goule est une sorte de vampire (femelle) qui séduit les hommes. On la trouve souvent hantant les cimetières.
La goule se nourrit aussi bien d'homme vivant que mort. Certaines possèdent la capacité de se transformer en jolie jeune fille pour attirer les hommes et en faire leur repas.

Leprechaun

Les leprechauns sont issus du folklore irlandais. Ce sont des « lutins » gardiens d'or et leurs trésors se trouvent aux pieds des arc-en-ciel.
Le leprechaun est plutôt proche du cluricaune (un être féerique qui fume, boit et vit dans les caves et celliers) et du far darrig (un lutin malicieux qui a la capacité d'apparaître plus grand qu'il ne l'est en réalité).

Loup-garou

Le loup-garou est à l'origine un homme (ou une femme) qui voit sa nature modifiée suite à la morsure d'un autre loup-garou. Populairement, l'homme se transforme en loup les nuits de pleine lune (ainsi que la nuit précédente et le nuit suivante).
Le loup-garou est le plus souvent un être terrifiant et maléfique. Certains loups-garous le sont devenus suite à un pacte avec le diable.
Certains récits en font les ennemis naturels des vampires.

Sirène

La sirène est le plus souvent représentée sous sa forme féminine, mi-femme, mi-poisson, vivant dans la mer. Les marins la redoutent tandis qu'elle fascine les gens des terres.
Elle peut être bienfaisante et personnage principale de l'action (par exemple *La Petite Sirène*) ou bien malfaisante (comme les sirènes rencontrées par Ulysse lors de son voyage). Il n'est pas rare qu'une sirène tombe amoureuse d'un homme et l'emmène vivre dans son palais sous la mer.

- **Mythologie**

Cf. page 66.

Sorcière

Les sorcières sont des femmes pratiquant la magie, fabriquant des potions dans des chaudrons, lançant des sorts (parfois à l'aide d'une baquette magique). Il arrive parfois qu'elles se déplacent sur des balais volants et peuvent aussi métamorphoser les êtres ou bien elles-mêmes. Elles sont souvent craintes mais toujours respec-

ter. Elles peuvent aussi bien être bénéfique (pratiquant la magie blanche) que maléfique (pratiquant la magie noire).
Il arrive fréquemment qu'une sorcière pratiquant la magie blanche bascule du côté du mal suite à un évènement tragique.
La sorcière est régulièrement rencontrée dans l'univers fantastique, soit en tant que héros, soit en tant qu'aide ou d'ennemie.

- **Mythologie**

Cf. page 66.

Troll

Le troll est issu du folklore des pays du Nord. A l'origine, les trolls sont une race de géant particulier, que Thor passe son temps à chasser.
Les trolls sont familiers de l'Autre Monde avec qui ils entretiennent de bonne relation.
Au Moyen-Âge, le troll est un être maléfique, situé entre les géants et les hommes. Il est ensuite diabolisé par le christianisme.
Par la suite, le troll devient un être féerique, proche des gnomes, plus malicieux que méchant.
Le troll est un être régulièrement rencontré dans l'univers fantastique, souvent en tant qu'ennemi à combattre.

Vampire

La forme traditionnelle du vampire est celle popularisée par Bram Stoker, à travers son roman *Dracula*. Le comte Dracula était un personnage sanguinaire de son vivant qui devient vampire à sa mort.
Le vampire est souvent séduisant, exerçant un attrait particulier lié aux dangers de la nuit. Avant de pouvoir entrer dans un lieu d'habitation, le vampire doit y être invité par l'un des occupants de celle-ci.

Le vampire est régulièrement rencontré dans l'univers fantastique, le plus souvent sous sa forme judéo-chrétienne, soit en tant que héros, soit en tant qu'ennemi.

- **Mythologie**

Cf. page 68.

Zombie

Les zombies sont des morts-vivants, à savoir des morts qui sont « revenus » à la vie. Un **sorcier** (traditionnellement **vaudou**) ou un **nécromancien** anime le cadavre du mort par un sort. Le mort devient ainsi vivant au sens où il peut réaliser des actions mais reste mort car sans conscience. Le zombie est l'esclave du sorcier qui l'a animé.

Langue et écriture

Avilus • Bringers • Cultis • Ferula gemina • Glorificus • Gragnard • Moskva • Perganum • Septus • Slugghos • Tabula rosa • Thaumagenesis • Valios

Avilus

Avilus / *Avilis* → avilir : abaisser quelqu'un jusqu'à le rendre méprisable, lui faire perdre sa dignité, sa valeur ; synonyme de dégrader, déshonorer.

Bringers / Harbingers

Bringers (anglais) ou *harbringers* sont les messagers.

Cultis

Cultis en latin a donné culte (en français).

Ferula gemina

Ferula (latin) est la ferule, il s'agit d'une plante. *Gemina* en latin est le fait de doubler, ou désigne des jumeaux (sous la forme de *gemini/geminus*).

Glorificus

Glorificus en latin signifie glorieuse.

Gragnard / Grognard

En français, un grognard est un soldat de la Vieille Garde de Napoléon. Ce terme a donné vieux soldat en général dans la littéarture.

Moskva

Moskva en russe désigne la ville de Moscou, capitale de la Russie.

Perganum

Pergamum désigne la ville de Pergame

Septus

Septus / *Seaptus* / *Seapta* (latin) : désigne une grande place fermée par une enceinte (originellement lieu où l'on se réunissait pour voter, vendre, acheter…)

Slugghos

Slug en anglais est une limace.

Tabula Rasa

Tabula rasa est l'expression latine de table rase, signifiant le fait d'oublier le passé pour partir sur de nouvelle base.

Taumagenesis

Thauma en grec est une merveille, un étonnement. *Genesis,* provient de genèse, et désigne la création. Taumagenesis est la création du merveilleux.

Valios

Valios, de *valeo* / *validus,* en latin désigne la force, la puissance.

Guide des épisodes et mythologie

Chronologie film et séries TV

Film								
Buffy	S01	S02	S03	S04	S05	S06	S07	
Angel				S01	S02	S03	S04	S05

Légende des abréviations :
A : Autres mythologies ;
C&H : chinoise et hindoue ;
D : démonologie ;
E&M : égyptienne et mésopotamienne ;
LF : légende et fantastique ;
GR : gréco-romaine ;
JC : judéo-chrétienne ;
L : langue ;
P : plusieurs mythologies.

FILM

Buffy The Vampire Slayer - Buffy, Tueuse de Vampires
------------- **VAMPIRES (P)**[18] **; SATAN (JC) ; CASSANDRA (GR)**

SAISON 01

01.01 *Welcome to the Hellmouth* - Bienvenue à Sunnydale (partie 1)
----------------------------------- **SUCCUBES (D) ; INCUBES (D) ; LOUP-GAROU (LF) ; ZOMBIES (LF) ; ENFER (P)**

01.02 *The Harvest* - Bienvenue à Sunnydale (partie 2)
-------------------------------- **ÉDEN (P) ; PARADIS (JC)**

01.03 *Witch* - Sortilèges
------------------------------------- **SORCIÈRE (P)**

01.04 *Teacher's pet* - Le chouchou du prof
------------------------------------ **SIRÈNES (P)**

01.05 *Never kill a boy on the first date* - Un premier rendez-vous manqué
------------------------------------- **SEPTUS (L)**

01.06 *The Pack* - Les Hyènes
---------------------------------- **ARCHE DE NOÉ (JC)**

01.07 *Angel* - Alias Angelus
------------------------------------- **ANGE (JC)**

01.08 *I, Robot... You, Jane* - Moloch
---------------------------------- **MOLOCH (E&M)**

01.09 *The Puppet Show* - La marionnette

01.10 *Nightmares* - Billy

01.11 *Out of maind, out of sight* - Portée disparue
---------------------- **VISHNU (C&H); PERGANUM (L)**

01.12 *Prophecy girl* - Le manuscrit
------------------------------ **APOCALYPSE (JC)**

18 *Il s'agit de la première apparition dans Buffy*

02.01 *When she was bad* - La métamorphose de Buffy

02.02 *Some assembly required* - Le Puzzle

-------------------------------- **Goule (LF); Vaudou (A)**

02.03 *School hard* - Attaque à Sunnydale

02.04 *Inca mummy girl* - La momie inca

02.05 *Reptil & boy* - Dévotion

02.06 *Halloween* - Halloween

--------------------------------**Chaos (GR) ; Janus (GR)**

02.07 *Lie to me* - Mensonge

02.08 *The dark age* - Face cachée

02.09 *What my Line (part 1)* - Kendra (1)

----------------------------- **Éligor (D) ; Taraka (C&H)**

02.10 *What my line (part 2)* - Kendra (2)

02.11 *Ted* - Le fiancé

02.12 *Bag eggs* - Œufs-surprise

------------------------------------- **Bézoard (LF)**

02.13 *Surpise* - Innocence (1)

------------- **Diane (GR) ; Hécate (GR) ; Armageddon (JC)**

02.14 *Innocence* - Innocence (2)

02.15 *Phases* - Pleine Lune

02.16 *Bewitched, bothered and bewildered* - Un charme déroutant

02.17 *Passion* - Les boules de Thesulah

02.18 *Killed by Death* - Réminiscences

02.19 *I only have eyes for you* - La soirée de Sadie Hawkins

02.20 *Go fish* - Les hommes poissons

02.21 *Becoming (part. 1)* - Acathla (1)

02.22 *Becoming (part. 2)* - Acathla (2)

SAISON 03

03.01 *Anne* - Anne

03.02 *Dead man's party* - Le masque de Cordolfo

03.03 *Faith, hope & trick* - La nouvelle petite sœur

------------------------------------ LEPRECHAUN (LF)

03.04 *Beauty and the beasts* - Les belles et les bêtes

03.05 *Homecoming* - Le bal de fin d'année

03.06 *Band candy* - Effet chocolat

03.07 *Revelations* - Révélations

03.08 *Lover's walk* - Amours contrariées

------------------------------------ HADÈS (GR)

03.09 *The wich* - Meilleurs vœux de Cordélia

03.10 *Amends* - Le soleil de noël

------------------------------------ BINGERS (L)

03.11 *Gingerbread* - Intolérance

03.12 *Helpless* - Sans défense

03.13 *The Zeppo* - Le zéro pointé

03.14 *Bad girls* - El Eluminati

-------------------- ASCENSION (JC) ; BALTHAZAR (D)

03.15 *Consequences* - Au-dessus des lois

03.16 *Doppelgangland* - Les deux visages

03.17 *Enemies* - Trahison

03.18 *Earshot* - Voix intérieures

03.19 *Choices* - La boite de Gavrok

03.20 *The prom* - Les chiens de l'enfer

03.21 *Graduation Day (part. 1)* - La cérémonie (1)

03.22 *Graduation Day (part. 2)* - La cérémonie (2)

SAISON 04

04.01 *The Freshman* - Disparitions sur le campus

04.02 *Living conditions* - Cohabitation difficile

04.03 *The Harsh light of day* - Désillusions
--------------- AMARRA (C&H) ; GRAAL (A) ; ST GRAAL (JC)

04.04 *Fear itself* - Le démon d'Halloween

04.05 *Beer bad* - Breuvage du diable

04.06 *Wild at heart* - Cœur de loup-garou

04.07 *The Initiative* - Intrigues en sous-sol

04.08 *Pangs* - L'esprit vengeur

04.09 *Something blue* - Le mariage de Buffy

04.10 *Hush* - Un silence de mort
------------------------------------- GAÏA (GR)

04.11 *Doomed* - la fin du monde
------------------------------------- VALIOS (L)

04.12 *A new man* - 314
----------------------MINOTAURE (GR) ; THÉSÉE (GR)

04.13 *The I in team* - Piégée
------------------------------------- ADAM (JC)

04.14 *Goodbye Iowa* - Stress
------------------------------------ THESPIA (L)

04.15 *The Year's girl* - Une revenante (partie 1)

04.16 *Who are you ?* - Une revenante (partie 2)

04.17 *Superstar* - Superstar

04.18 *Where the wild things are* - La maison hantée
---------------------- SATYRE (GR) ; JESEKIEL (JC)

04.19 *New moon rising* - Un amour de pleine lune

04.20 *The Yoko factor* - Facteur Yoko

04.21 *Primeval* - Phase finale

04.22 *Restless* - Cauchemar

---------------------------- SANG DE L'AGNEAU (JC)

SAISON 05

05.01 *Buffy vs Dracula* - Buffy contre Dracula

05.02 *Real me* - Jalousies

05.03 *The replacement* - Le double

-------------------- **TOTH (E&M) ; FERULA GEMINA (L)**

05.04 *Out of my mind* - Quand Skipe s'en mêle

05.05 *No place like home* - Sœurs ennemies

05.06 *Family* - Les liens du sang

05.07 *Fool of love* - La faille

05.08 *Shadow* - Incantation

-------------------------------- **SOBEK (E&M)**

05.09 *Listening to fear* - Météorite

05.10 *Into the wood* - Par amour

05.11 *Triangle* - Triangle

-----------------------------------**TROLL (LF)**

05.12 *Checkpoint* - L'inspection

---------------------------------- **CULTIS (L)**

05.13 *Blood ties* - la clé

-------------------------------- **ISHTAR (E&M)**

05.14 *Crush* - La déclaration

05.15 *I was made to love you* - Chagrin d'amour

05.16 *The body* - Orphelines

-------------------------------**AMAZONES (GR)**

05.17 *Forever* - Pour toujours

---------------------- **OSIRIS (E&M) ; GLORIFICUS (L)**

05.18 *Intervention* - La quête

05.19 *Tough love* - Magie noire

05.20 *Spiral* - La spirale

05.21 *The weight of the world* - Sans espoir

05.22 *The gift* - l'Apocalypse

-------- **Cronos** (GR) ; **Héra** (GR) ; **Kali** (C&H) ; **Cassiel** (JC)

SAISON 06

06.01 *Bargaining – Part 1* - Chaos (partie 1)

06.02 *Bargaining – Part 2* - Chaos (partie 2)

06.03 *After life* - Résurrection

---------------------------------- **Thaumagenesis (L)**

06.04 *Flooded* - La tête sous l'eau

06.05 *Life Serial* - Tous contre Buffy

06.06 *All the way* - Baiser mortel

06.07 *Once more, with feeling* - Que le spectacle commence !

06.08 *Tabula rasa* - Tabula rasa

------------------------------------–**Tabula rasa (L)**

06.09 *Smashed* - Écarts de conduite

06.10 *Wrecked* - Dépendance

06.11 *Gone* - La femme invisible

06.12 *DoubleMeat palace* - Fast food

06.13 *Dead things* - Esclaves des sens

06.14 *Older and far away* - Sans issue

06.15 *As you were* - La roue tourne

----------------------------------- **Bouddha (C&H)**

06.16 *Hell's Bells* - La corde au cou

06.17 *Normal again* - À la dérive

06.18 *Entropy* - Entropie

06.19 *Seeing red* - Rouge passion

06.20 *Villains* - Les foudres de la vengeance

06.21 *Two to go* - Toute la peine du monde (partie 1)

06.22 *Grave* - Toute la peine du monde (partie 2)

---------------------- **Asmodia (D) ; Proserpexa (GR)**

SAISON 07

07.01 *Lessons* - Rédemption
------------------------------ **Caleb** (JC) : **Pêchés** (JC)

07.02 *Beneath you* - Démons intérieurs
------------------------------------ **Slugghos** (L)

07.03 *Same time, same place* - Vice versa

07.04 *Help* - La prédiction
-------------------------------------- **Avilus** (L)

07.05 *Selffless* - Crise d'identité

07.06 *Him* - Folles de lui

07.07 *Conversations with dead people* - Connivences
---------------------------------- **Nemesis** (GR)

07.08 *Sleeper* - Ça a commencé

07.09 *Never leave me* - Le sceau de Danzalthar

07.10 *Bring me on the night* - L'aube du dernier jour

07.11 *Showtime* - Exercice de style
---------------------------------- **Minerve** (GR)

07.12 *Potential* - La relève

07.13 *The killer in me* - Duel

07.14 *First date* - Rendez-vous dangereux

07.15 *Get it done* - Retour aux sources
---------------------------------- **Gragnard** (L)

07.16 *Storyteller* - Sous influence

07.17 *Lies my parents told me* - Un lourd passé

07.18 *Dirty girls* - L'armée des ombres

07.19 *Empty places* - La fronde

07.20 *Touched* - Contre-attaque
------------------------------ **Abel** (JC) ; **Caïn** (JC)

07.21 *End of days* - La fin des temps (partie 1)
--------------- **ARTHUR (A) ; MOSKVA (L) ; CYCLOPE (GR)**

07.22 *Chosen* - La fin des temps (partie 2)

Table des matières

Bibliographie

- *La Mésopotamie,Ascalone E.,éd. Hazan,2006.*
- *Petit Dictionnaire des Dieux Egyptiens,Blottière A.,éd. Zulma,2000.*
- *Dictionnaire des symboles,Chevalier J. & Gheerbrant A.,éd. Robert Laffont,1982.*
- *Dictionnaire Encyclopédique – Édition 2000 ,Collectif,éd. Hachette,1999.*
- *Le petit Larousse des Mythologies du Monde,Collectif,éd. Larousse,2011.*
- *Encyclopédie de la Mythologie,Collectif,éd. le livre séquoia,1962*
- *La Légende Arthurienne – le Graal et la Table Ronde,Collectif,éd. Robert Laffont,1989.*
- *Petit Larousse des Symboles,Collectif,éd. Larousse,2006.*
- *L'Atlas des civilisations anciennes,Collectif,éd. Atlas,2003.*
- *Mythes et Dieux de l'Inde,Daniélou A.,éd. Flammarion,1992.*
- *Nouveau Dictionnaire de Mythologie Egyptienne ,Franco I.,éd. Pygmalion,1999.*
- *Dictionnaire de la Mythologie,Grand M. & Hazl J.,éd. Texto,2010.*
- *Petit Dictionnaire du Monde Arthurien,Minary R. & Moorman C.,éd. Terre de Brume,1996.*
- *Dictionnaire de Mythologie Celtique,Persigout J.-P.,éd. Imago,2009.*
- *Dictionnaire des Mythologies,Philibert M.,éd. Maxi-poche Références,1998.*
- *Dictionnaire de l'Archéologie,Rachet G.,éd. Robert Laffont,1983.*
- *Dictionnaire des Religions ,Thibaud R.-J.,éd. Maxi-poche Références,2000.*
- *Dictionnaire de Mythologie et de Symbolique Celte,Thibaud R.-J.,éd. Devry Poche,1995.*
- *Dictionnaire de Mythologie Arthurienne,Walter P.,éd. Imago,2014.*
- *Dictionnaire des noms de divinités, Mathieu-Colas M., 2013.*
- *Who Is Who In The Non-Classical Mythology, Skyes E., éd; Routledge , 2014*

Filmographie

Buffy, Tueuse de vampires,
L'intégrale Buffy contre les vampires, édition Atlas

Dépôt légal : décembre 2022

www.ingramcontent.com/pod-product-compliance
Lightning Source LLC
LaVergne TN
LVHW012114160826
845678LV00014B/3084